MÉMOIRE

DE

M. J[H]. MASSÉ,

A SON EXCELLENCE

M[r] LE MINISTRE SECRÉTAIRE D'ÉTAT

AU DEPARTEMENT DE LA GUERRE.

MÉMOIRE

DE

M. Jh. MASSÉ,

A SON EXCELLENCE

Mr LE MINISTRE SECRÉTAIRE D'ÉTAT

AU DEPARTEMENT DE LA GUERRE.

Monsieur le Ministre,

Un grand *déni de justice* s'exerce à mon égard, depuis plusieurs années, par le département de la guerre.

Le signaler à votre attention, c'est être assuré que votre équitable loyauté le fera cesser promptement.

Les sollicitations que je ne cesse de renouveler, (*en vain*) depuis six ans auront enfin un terme favorable ; et, j'ose l'espérer, la *force d'inertie* que l'on oppose sans cesse à mes justes réclamations, tantôt en alléguant de puérils motifs, tantôt en se renfermant, pour toute réponse, dans *un silence impassible*, viendra enfin se briser contre la volonté d'un homme de bien qui, par principes, protége toutes les infortunes imméritées, sachant que le noble rôle d'un grand ministre et son premier devoir sont d'accueillir les réclamations du faible et d'être le puissant protecteur de l'opprimé, quel que soit, sous son administration, le rang des oppresseurs!...

Vous avez, Monsieur le Ministre, fait partie de nos grandes et glorieuses armées ; personne plus que vous ne peut apprécier à leur juste valeur les services de ceux qui ont consacré leurs plus belles années à partager les fatigues, les privations et les dangers des combattans.

C'est à ces titres honorables que je me présente à Votre Excellence, appuyé de tous les documens qui établissent ma longue carrière dans l'administration militaire.

Jusqu'à ce moment, j'ai hésité à adresser à vos prédécesseurs autre chose qu'une pétition *manuscrite,* toujours renvoyée dans les bureaux du personnel des subsistances militaires, et allant, sans réponse, s'ensevelir dans les cartons, ou n'obtenant, à des années d'intervalle, qu'une réponse banale et évasive ! Enfin un MÉMOIRE IMPRIMÉ appellera peut-être sur moi une attention qu'on m'a refusée jusqu'ici, et amènera la fin de mes souffrances ; car pour demeurer convaincu de la justice de mes plaintes, il ne faut qu'accorder quelques instans à l'examen sérieux et attentif de la partialité sans motifs, et par conséquent sans excuse, qui a existé si long-temps à mon égard. Ce n'est pas pour faire scandale que je recours à ce moyen pour la première, et, je l'espère, pour la dernière fois; c'est uniquement pour qu'un Ministre, dans l'équité duquel je place toute ma confiance, ait sous ses propres yeux l'exposé de mes justes griefs, tandis que ses bureaux en auront eux-mêmes connaissance, ce qui mettra celui de qui dépend la solution de mon affaire dans la nécessité de s'en occuper sans délai, et de me faire justice ; car il est impossible que, forcé enfin de faire à ce sujet un rapport à Votre Excellence, il ne lui propose pas de faire immédiatement droit à ma réclamation.

Mon mémoire sera tiré seulement à *cinquante* exemplaires, numérotés depuis *un* jusqu'à *cinquante* ; au bas de chaque exemplaire sera écrit le nom de celui auquel j'en aurai fait la délivrance, et je serai en mesure de rapporter, à la première demande qui m'en sera faite, après que justice m'aura été rendue, ceux qui n'auront pas été distribués soit dans les bureaux de la guerre, soit à mes généreux protecteurs, au nombre desquels je compte avec bonheur S. A. R. MADAME.

Je considère donc dès ce moment comme moralement impossible que, sous un ministre éclairé, équitable et paternel, on méconnaisse plus long-temps les droits *imprescriptibles d'un administrateur militaire* aussi dévoué que bien méritant, dont on repousse avec un inexplicable acharnement toutes les demandes tendantes à être réemployé par le gouvernement d'une manière convenable et analogue à ses anciens et nombreux services, *qui n'ont pu se prescrire* par quelques interruptions indépendantes de sa volonté, et contre lesquelles il a protesté sans cesse par d'innombrables pétitions.

Que l'on ouvre les cartons de l'administration de la guerre, et les preuves matérielles et multipliées de ce que j'avance s'y trouveront accumulées.

A leur défaut, je puis produire *les minutes* de mes instantes requêtes : l'on y verra toute ma persévérance et la fatalité qui l'a accompagnée pendant si long-temps.

Je ne viens point *en intrus* forcer la main pour mon admission dans *le cadre permanent des agens entretenus* du service des subsistances militaires.

Sur un personnel de 300 employés, dans lequel se trouvent *vingt* places de directeurs, et *cent-soixante-dix* d'agens comptables; l'on ne peut pas alléguer, avec pudeur, qu'il n'existe aucune vacance dans ce cadre, qu'il n'y en ait pas eu depuis *six* ans, ou qu'il ne doive pas en survenir d'un moment à l'autre.

Voici l'*extrait de l'Annuaire de l'état militaire de France,* publié sur les documens du ministère de la guerre, avec autorisation du roi.

PAGE 616.— CHAPITRE XIX.— AGENS DE L'ADMINISTRATION DES SUBSISTANCES MILITAIRES.

» Le personnel du service des subsistancs a été orga-
» nisé par ordonnance du 8 juin 1825. Il est composé
» de directeurs de 1re, 2e et 3e classes, et d'élèves. Ces
» agens sont divisés, 1° en *entretenus*, qui forment un
» cadre fixe et permanent, déterminé par l'ordonnance
» précitée; et 2° en *auxiliaires*, dont le nombre est
» déterminé par le ministre.

» Le cadre des agens entretenus, fixé d'abord par
» l'ordonnance du 8 juin 1825, réduit ensuite, en ce qui
» concerne les directeurs, par décision royale du 11 no-
» vembre 1829, a été augmenté par ordonnance du 5
» mai 1833, et se compose ainsi qu'il suit :

» Directeurs de. . .	1re classe. .	6	
	2e » . .	7	. . 20
	3e » . .	7	
» Agens comptables.			170
» Commis de. . . .	1re classe. .	30	
	2e » . .	40	. . 100
	3e » . .	30	
» Élèves.			10
» TOTAL. . .			300 »

Une décision royale du 27 octobre 1830 porte que « l'article 6 de l'ordonnance du 8 juin 1825 est modifié, et » qu'ainsi *les anciens employés peuvent concourir pour la* » *moitié des vacances du cadre des agens entretenus*, jus» qu'à l'âge de 60 ans pour l'emploi de directeur, de 55 » ans pour celui d'agent comptable, et de 50 ans pour ce» lui de commis de première et deuxième classe.

» L'emploi de commis de troisième classe est réservé » aux élèves. »

Ainsi cette décision royale du 27 octobre 1830 peut être victorieusement invoquée en ma faveur; car je suis dans la catégorie qui y est signalée comme *ancien directeur des subsistanees militaires aux armées.*

Que l'on ne vienne donc m'opposer ni mon âge ni ma position, qui est toute dans le droit strict et rigoureux, « pour *concourir à la moitié des emplois vacans* du cadre » des *agens entretenus*, jusqu'à l'âge de 60 ans pour l'em» ploi de directeur, et de 55 ans pour celui d'agent » comptable. »

Nous ne sommes plus au temps déplorable où l'on osa faire rendre la fatale *ordonnance d'organisation* (disons plutôt de *désorganisation*) du 8 juin 1825, par laquelle de coupables ou de fanatiques et d'ignorans conseillers faisaient exclure des emplois de l'administration militaire tous les concurrens âgés de 45 *ans* pour les directions et de 30 *ans* pour les autres places au-dessous de ce grade.

C'est avec cet injuste moyen, avec cette ridicule *fin de non-recevoir* que j'ai constamment été repoussé après la mise en vigueur de cette fatale, inique et barbare ordonnance!

Mais, depuis l'équitable décision royale du 27 octobre

1830, *quel mauvais génie* a donc pu présider à mon exclusion de ce cadre privilégié et permanent des *agens entretenus*, puisque ma position et mes droits d'ANCIEN EMPLOYÉ, ayant toujours appartenu aux cadres des *agens auxiliaires*, ne peuvent m'être contestés ?

Si je voulais tout dire, ou même seulement beaucoup dire, je pénétrerais, je dévoilerais peut-être ce singulier mystère, dont n'auraient pas à se glorifier quelques individus dont les influences ont, Dieu merci! cessé avec leur chute.

Un meilleur système règne aujourd'hui au ministère de Votre Excellence; les organes de sa tutélaire autorité sont animés d'un meilleur esprit : j'espère, Monsieur le Ministre, que j'en éprouverai bientôt les heureux et bienfaisans effets,

Que l'on vérifie tous les états de services des nombreux employés du cadre actuel des subsistances militaires; qu'on les compare aux miens, et il restera démontré qu'*aucun d'eux* n'a plus de droits ni plus de bons services que *moi* dans l'administration, et que même *un très-petit nombre d'entre eux* en peuvent produire d'aussi méritoires et de plus anciens.

Par quelle fatalité un cruel oubli m'a-t-il laissé à l'écart? Si l'on eût pris en considération mes sollicitations incessamment réitérées avec loyauté et avec bonne foi, il y a long-temps que je serais en possession d'un emploi que j'ai mérité à tant de titres! Car, quand on a, comme moi, consacré presque toute sa vie et les meilleures années de sa jeunesse à suivre une carrière toute dévouée à l'Etat et à sa patrie, le Gouvernement vous doit une honorable existence sur la fin de cette carrière si pénible, et il ne peut pas, sans la plus criante injustice, vous refuser *de l'emploi*, lorsque l'âge, les forces morales et physiques vous rendent encore capable de servir utilement le Roi et le pays !

Toutes les professions d'une industrie quelconque, exploitées avec un peu de capacité et d'expérience, offrent la chance probable et presque assurée d'améliorer le sort de ceux qui les exercent et de leur fournir une honorable position de fortune, pour *eux-mêmes* et pour leurs *familles*, à la fin de leurs jours. Le négociant, l'armateur, le manufacturier, le financier (banquier ou agent de change), le fabricant, le commissionnaire, le courtier, le marchand, l'artiste, le jurisconsulte, le marin, le cultivateur, tous trouvent dans le produit de leurs veilles, de leurs peines et de leur zèle persévérant *le fruit* de leurs nombreux travaux.

L'homme qui a exposé cent fois sa vie dans les armées, qui a vécu de privations, qui a usé aux trois quarts sa frêle existence dans *les emplois publics*, serait donc le seul repoussé et condamné, pour ainsi dire, à l'indigence, au moment même où sa patrie devrait lui tendre une main reconnaissante, secourable et protectrice !

Par sa lettre du 20 février 1834 (n° 185), M. le Directeur de l'Administration, signant par ordre du Ministre secrétaire d'état de la guerre, m'écrivait :

« J'ai reçu, Monsieur, votre lettre du 25 janvier dernier par laquelle vous sollicitez votre réintégration dans le service des subsistances.

» Je n'ai aucun moyen de donner suite à cette demande : le cadre du personnel est complet et les places qui viendront à vaquer *sont destinées aux employés qui depuis plusieurs années servent comme* AUXILIAIRES et ont acquis dans cette position des titres particuliers à la bienveillance de l'administration. »

Voilà, bien certainement, une mesure tout à fait en contradiction avec la décision royale du 27 octobre 1830, qui porte expressément « que *les anciens employés peuvent » concourir pour la moitié des vacances du cadre des agens » entrenus.* »

Ceci donne la mesure de *l'impartialité* et de la *pudeur* avec lesquelles on traitait alors, dans les bureaux, le droit commun des solliciteurs sans crédit, qui étaient repoussés par des argumens de cette valeur !

Que nous promettait-on cependant lors du licenciement général, en 1814 et en 1815, après les nombreuses campagnes et les longues guerres que la France a soutenues et dans lesquelles les employés d'administration militaire ont rendu d'utiles services ? Voici un extrait du document officiel :

« S. Ex. le Ministre secrétaire-d'état de la guerre fait » connaître à MM. les employés licenciés que son intention est de ne pas perdre de vue ceux qui se sont acquis, par de bons services, des droits A LA RECONNAISSANCE DU GOUVERNEMENT ; qu'il saura les trouver dans leurs foyers, si le nouveau cadre de l'armée est tel qu'il soit possible de les employer en temps » de paix, ou si les circonstances mettent à même de les placer dans l'intérieur, ou si enfin la situation des » finances permet à la bienveillance du Roi de leur accorder des traitemens de non-activité, basés sur l'ancienneté de leurs services. — Paris, le 23 août 1815.
» L'ordonnateur en chef de la première division militaire,
» Signé, baron JOINVILLE.

Et quand je me présentais aux audiences pour solliciter de l'emploi, il m'était répondu que les places étaient réservées à ceux qui avaient fait les campagnes récentes de la Grèce en Morée, d'Alger en Afrique, ou celle de Belgique et du siège d'Anvers!!!...

A des services aussi éclatans, aussi méritoires, j'opposais modestement les campagnes d'Austerlitz, d'Iéna, de Pologne, de Wagram, de Moscou, de Leipzig, de France, de Waterloo et d'Espagne.

Tout cela ne comptait plus, disait-on, et ne pouvait se comparer aux récentes gloires, aux nouveaux dévoûmens dont avaient donné des preuves éclatantes les nouveaux protégés, devenus les candidats en faveur auprès de l'ancienne administration de la guerre.

L'exposant a cependant parcouru une longue carrière administrative, et n'a obtenu les *grades supérieurs* qu'après avoir suivi la hiérarchie naturelle des différens emplois dont il a honorablement rempli tous les devoirs.

C'est ainsi qu'il s'est acquis l'estime, la bienveillance et la protection des chefs sous les ordres desquels il a eu l'avantage de servir aux armées, notamment des *intendans-généraux* PETIET (*ancien ministre de la guerre*), *comte* DARU (*ancien ministre secrétaire d'état et directeur-ministre de l'administration de la guerre*), *comte de* VILLEMANZY (*ancien pair de France*), *comte* DUMAS (*lieutenant-général, conseiller-d'état, pair de France*), *baron* MARCHANT (*conseiller d'état*), *comte* D'AURE (*conseiller d'état*), et enfin d'un grand nombre D'ORDONNATEURS EN CHEF, *ordonnateurs, commissaires des guerres*, *inspecteurs aux revues* et INTENDANS MILITAIRES; entre autres, MM. ARCANBAL, commissaire-ordonnateur: DAGOBERT, commissaire des guerres; MATHIEU FAVIERS, ordonnateur en chef; PIGEON, ordonnateur; BOUGLEUX, HERBILLON, DESSOLLIERS, commissaires des guerres; ROBERT-PETIET, DUMAST, ordonnateurs; DROUÏN, PUZOS, commissaires des guerres ; DEYDIER, TEILLARD, SALMON, *idem* ; baron JOINVILLE, ordonnateur en chef ; BLIN-MUTREL, PRADEL, ordonnateurs ; *Bellot de Grandville*, commissaire des guerres ; LAMBERT, CHAMBON, ordonnateurs en chef ; THOMAS, ordonnateur ; LIAUTEY, COMBES, CETTY, *idem* ; THIEBAULT, *idem* en chef ; CHAPELLE, commissaire des guerres et ordonnateur ; DESIRAT, ordonnateur ; VOLLANT, ordonnateur en chef et intendant, *idem* ; SICARD, REGNAULT, intendans en chef ; GUIROYE et VICTOR JOINVILLE FILS, sous intendans militaires, etc., et des administrateurs, régisseurs, directeurs en chef, munitionnaires généraux et autres agens supérieurs de l'administration, dont l'énumération serait ici trop nombreuse.

Pendant les campagnes sur le Rhin, M. MASSÉ a fait partie des armées de *Mayence, d'observation*, du *Danube*, du *Rhin* et de *Batavie*.

A la formation des camps et armées des côtes de l'Océan ; à *Saint-Omer* et à *Boulogne*, il a fait partie du service expéditionnaire destiné contre l'Angleterre.

Lors du départ de cette grande armée pour l'Allemagne, M. MASSÉ a continué d'en faire partie, et a successivement fait les campagnes d'AUSTERLITZ en Autriche, d'IÉNA en Prusse, et celle de POLOGNE en 1806 et 1807.

Depuis, il a fait la seconde campagne d'Autriche à WAGRAM, etc. ; la célèbre et mémorable campagne de RUSSIE jusqu'à *Moscou* ; a assisté aux batailles de SMOLENSK et de la MOSKOWA ; était à la prise et à l'incendie de *Moscou*, où il a séjourné avec le grand quartier général plus d'un mois ; au passage des ponts de la BÉRÉZINA ; a fait toute la retraite avec NAPOLÉON et avec l'armée ; les campagnes de SAXE, de SILÉSIE et de FRANCE en 1813 et 1814 ; était aux batailles de LUTZEN, de BAUTZEN, de DRESDE et de LEIPSICK, à celle de WATERLOO en 1815, et à la dernière campagne d'ESPAGNE en 1823 et 1824. — Enfin, en 1831, M. Massé a exercé les fonctions de DIRECTEUR-COMPTABLE du service des fourrages militaires de la place de Paris et de celle de Vincennes et arrondissemens.

Après la paix générale, M. MASSÉ avait été admis à la *solde de non-activité* de 1500 *francs par an*, comme *directeur de service* des *subsistances militaires*, licencié en 1814, après avoir justifié de plus de dix années de service effectif dans les administrations militaires du gouvernement. Cette solde de *non-activité* a été supprimée depuis, par mesure générale, et remplacée par *un secours spécial* de 1,000 FRANCS *par an*, acquittés par semestre sur les mandats du ministre de la guerre, d'après l'inscription existante aux contrôles, dans les bureaux de ce ministère.

Les pièces qui appuient l'état de service, imprimé, de M. MASSÉ justifient que, pendant la première campagne d'Autriche en 1805, il a été fait *prisonnier de guerre*, et a essuyé des pertes en chevaux, effets, etc., dont il n'a jamais été indemnisé; que, dans le désastre de celle de RUSSIE, en 1812; il a été gelé, et a éprouvé toutes les souffrances, les privations, les pertes et les malheurs de cette incomparable campagne.

L'infatigable activité, le zèle, la vigilance et le dévoûment de M. MASSÉ lui ont valu d'honorables attributions dans plusieurs circonstances, et notamment en 1809, à la grande armée, où il a été appelé à exercer les fonctions de RÉGISSEUR-GÉNÉRAL près de M. *l'intendant-général* VILLEMANZY.

Depuis, il a été investi de celles de *commissaire des guerres* pendant la campagne de France en 1814, sous les ordres de M. *l'ordonnateur en chef* THIBAULT, et sur la nomination de M. *le baron* MARCHANT, *maître des requêtes, intendant-général de l'armée;* missions qu'il a remplies à l'entière satisfaction de ces autorités supérieures, dont il a recueilli les honorables suffrages et le bienveillant patronage.

Les nombreux services de M. MASSÉ sont encore fortifiés et comme étayés de ceux de feu son père, qui remontaient au 1er mai 1792, époque à laquelle il était CAPITAINE GÉNÉRAL *des équipages militaires de l'armée*, sous les ordres du commissaire général PETIET. Son père était aussi aux batailles de Valmy et de Jemappes, et il a continué de servir dans les différentes armées françaises et dans des emplois supérieurs de l'administration militaire, jusqu'au 12 septembre 1808, pendant 16 années consécutives, et jusqu'à la paix de Tilsitt.

Tant de zèle, tant de dévoûment, de vicissitudes et de travaux doivent assurer des droits sacrés à celui qui est toujours prêt à servir sa patrie, et qui peut espérer de rendre encore d'utiles services par son expérience, par ses capacités, et par le temps qu'il pourra consacrer pendant quelques années de plus à l'administration dont il a si long-temps fait partie avec distinction.

Depuis 1815 jusqu'en 1830, les droits de la plupart des anciens serviteurs de l'état avaient été ou méconnus ou négligés. Les cadres des administrations militaires de l'intérieur se remplissaient, en grande partie, pour les emplois vacans, sans égard à l'ancienneté des services, à l'expérience ou à la capacité.

Aujourd'hui qu'un nouvel ordre de choses permet à chacun de concourir dans la carrière des places, en s'appuyant de ses antécédens; aujourd'hui que le ministère de la guerre admet au nombre des agens susceptibles de recevoir de l'activité tous ceux dont l'âge et les facultés physiques et morales, jusqu'à *soixante ans*, promettent encore d'utiles services à l'état, il faut espérer que *le soussigné* sera enfin appelé à faire partie des cadres du personnel des agens *entretenus* de l'administration des subsistances militaires, soit comme DIRECTEUR, soit en qualité D'AGENT COMPTABLE.

C'est dans cette confiance, et pour militer d'autant plus en sa faveur, qu'il a cru devoir livrer cette NOTICE à l'impression, en usant toutefois de la sage réserve qu'il a imaginée pour n'en pas faire un objet de publicité scandaleuse.

Tout en s'appuyant de l'ÉTAT *de ses services*, et au besoin des nombreuses pièces et certificats authentiques qui témoignent en sa faveur et dont il est muni, M. MASSÉ croit néanmoins que les documens ci-après rapportés seront, aux yeux de M. le Ministre, une preuve de plus de tout l'intérêt que lui portent des personnages distingués et de hauts fonctionnaires jouissant de la confiance du gouvernement, et dont les honorables suffrages l'ont précédemment recommandé à la sage et équitable sollicitude du Ministère de la guerre.

Voici la copie littérale de ces documens :

Paris, le 25 octobre 1834.

A Monsieur le Maréchal comte GÉRARD, *Président du Conseil, Ministre de la guerre.*

« Monsieur le Maréchal,

» C'est avec une profonde conviction de l'importance
» et de l'utilité des services que JOSEPH MASSÉ a rendus à
» la patrie et à l'état, que nous venons réclamer votre
» bienveillance et votre attention en faveur de cet ancien

» DIRECTEUR *des subsistances militaires*; il est peu de
» fonctionnaires qui soient plus dignes de l'intérêt et
» de la munificence du gouvernement.

» Depuis long-temps, *M. Massé* fait valoir ses services
» pour obtenir un emploi; ses droits nous ont touché
» bien plus que sa position.

» Il est difficile de concevoir qu'après trente et quelques
» années d'exercice dans les postes les plus délicats, les
» plus difficiles, cet excellent employé (*dont le père ser-*
» *vait déjà dans les armées au 1er mai 1792, et n'a point*
» *cessé d'occuper de hautes fonctions militaires jusqu'au*
» *12 septembre 1808, pendant 16 années consécutives*),
» n'ait pas reçu la récompense et des dédommagemens
» qui lui sont si justement acquis. Tour à tour garde-
» magasin, agent-comptable, contrôleur, inspecteur en
» chef, DIRECTEUR *de service*, régisseur par intérim, di-
» recteur de comptabilité, caissier-général des services
» réunis *des* SUBSISTANCES MILITAIRES, et ayant rempli les
» fonctions de *commissaire des guerres aux armées*,
» M. Massé a parcouru avec disitinction toutes ces places
» honorables; il a été couvert des témoignages et de
» l'approbation de ses supérieurs; ce qui aurait paru
» très-difficile à tout autre, était exécuté par lui avec un
» dévoûment sans bornes.

» L'examen approfondi que nous avons fait de sa con-
» duite, de sa moralité constante, de ses sacrifices et de
» ses travaux dans l'administration militaire, nous l'a re-
» présenté sur le Rhin, aux camps de Boulogne, en Al-
» lemagne, à la grande Armée, en Pologne, en Russie,
» en Espagne, toujours se montrant avec le même zèle et
» la plus noble ardeur!

» Plus de trente années d'emploi dans divers grades
» à l'âge de 52 ans devaient être, à nos yeux, des mo-

» tifs plus que suffisans pour dépasser dans nos esprits la
» valeur d'une simple apostille ordinaire. Nous savons
» que devant l'un des plus illustres guerriers, le véritable
» droit l'emporte sur la faveur, et jamais, peut-être, un
» ancien employé de l'administration militaire n'a mieux
» mérité que l'on s'occupât utilement de lui que M. Mas-
» sé. Sa gestion et ses mains ont toujours été pures dans
» un grand maniement de matières et de deniers ; il était
» honoré de l'estime des intendans-généraux, PETIET,
» MATHIEU-FAVIERS, *comtes* DARU, VILLEMANZY, DUMAS,
» D'AURE, *barons* MARCHANT, VOLLANT, JOINVILLE, et au-
» tres administrateurs éclairés et si bons appréciateurs
» du choix de leurs subordonnés.

» Pendant les campagnes sur le Rhin, M. Massé a fait
» partie des armées de *Mayence*, *d'observation*, *du Dunube*
» et *de Batavie*. Il a fait aussi successivement les cam-
» pagnes *d'Austerlitz*, *d'Iéna*, *de Pologne et de Russie*; il
» est l'un des chefs des subsistances militaires qui se
» soient le plus signalés tant à SMOLENSK, à MOSCOU,
» qu'au passage de la BÉRÉZINA.

» Voilà des faits qui frapperont l'attention de M. le
» Maréchal, président du conseil, qui ne connaît que la
» justice distributive et qui veut que toutes les époques
» soient comptées.

» Les personnes qui ont eu des relations avec M. Massé
» ne s'interdiront pas l'avantage de le recommander
» à la tutélaire sollicitude du Ministre ; ils lui diront que
» M. Massé est plein d'activité et de force, quoiqu'il ait
» atteint sa cinquantième année, et qu'il n'est pas seule-
» ment l'homme des camps, des convois ou de la manu-
» tention, mais qu'il est plein des connaissances acquises
» en administration et en comptabilité ; que plusieurs
» langues lui sont familières, particulièrement l'anglais,

» l'allemand et l'espagnol. Quel que soit le poste qui » puisse lui être confié, il saura répondre dignement à la » confiance du gouvernement.

» C'est avec cette intime persuasion, M. le Ministre, » que, dérogeant à l'habitude, nous nous sommes faits » pétitionnaires, et que nous invoquons de votre justice, » de votre équité, pour M. Massé, un emploi dans le ser» vice actif du cadre entretenu ou auxiliaire des subsis» tances militaires, soit comme Directeur, soit comme » *Agent-comptable*, bien persuadés que notre démarche, » qui est appuyée de tant de bons motifs, ne déplaira » pas à votre généreuse et protectrice autorité.

» Afin d'établir votre conviction en sa faveur, nous » rapporterons ici la copie des Apostilles qui lui avaient » été données sur une demande adressée à M. le Maré» chal duc de Dalmatie, et qui doit encore exister dans » les cartons du ministère de la guerre.

» Nous sommes avec les sentimens d'une haute consi» dération, M. le Maréchal, vos très-dévoués serviteurs.

» *Signé :* Andrianne de la Chapelle,
» *Chef de bataillon en 1er de la 10e légion*
» *de la garde nationale.*

» *Signé :* Routhier,
» *l'un des Électeurs de Paris.* »

« Les anciens services de M. Massé, le zèle et la ca» pacité, voire la probité dont il a fait preuve en toute » occasion, lui donnent des titres à la bienveillance et à » la confiance du gouvernement. C'est pour ces divers » motifs que j'ai l'honneur de solliciter de M. le Ministre

» quelque intérêt et quelque attention en faveur de l'an-
» cien administrateur M. Massé.

» *Signé* : *Comte* EXCELMANS,

» (*Pair de France*, *lieutenant-général*). »

« Nous, maire du 10e arrondissement de Paris, con-
» naissant depuis fort long-temps les bons services de
» M. Massé dans l'admininistration des subsistances de
» la guerre, sa capacité, son zèle et son activité, nous
» venons appuyer sa demande avec instance, persuadé
» que M. le Ministre ne saurait faire un meilleur choix.
» M. Massé est, sous tous les rapports, digne du plus
» bienveillant intérêt.

« *Signé* : BESSAS-LAMÉGIE (*Adjoint.*) »

« Je soussigné, déclare connaître M. Massé, et atteste
» les faits contenus dans la demande que ces Messieurs
» font en sa faveur. M. Massé est un homme honnête, in-
» struit et dévoué au gouvernement du Roi. Je le recom-
» mande tout particulièrement à la bienveillance de
» M. le Ministre de la guerre.

« *Signé* : *le Général baron* SAUSET. »

COPIE DES APOSTILLES DONT IL EST FAIT MENTION DANS LA PÉTITION CI-DESSUS.

« J'ai l'honneur de recommander à M. le Maréchal
» Ministre de la guerre, président du conseil, M. Massé,
» ancien directeur des subsistances militaires, que je

» connais depuis long-temps, et que je crois propre à
» remplir avec distinction l'emploi qu'il sollicite.

« *Signé* : Vergnes,

» (*Intendant militaire et Député de l'Aveyron*). »

« Je joins avec plaisir ma recommandation à celle de
» mon honorable collègue, et je recommande comme
» lui M. Massé à l'intérêt de M. le Président du conseil.

« *Signé* : H. Ganneron (*Député de la Seine*). »

« En attestant que le sieur Massé, employé dans le ser-
» vice administratif de la grande armée pendant que j'y
» remplissais les fonctions d'intendant-général, s'est fait
» distinguer par son zèle, son intelligence et la moralité
» de sa conduite, je prends la liberté de recommander
» sa demande à la justice et à la bienveillance de M. le
» Maréchal, bien certain que sa conduite et ses bons ser-
» vices ne manqueront pas de justifier la préférence que
» j'ai l'honneur de solliciter pour lui.

« *Le Lieutenant-général, Pair de France*,

« *Signé* : *comte* Dumas. »

« Le lieutenant-général, pair de France, commandant
» la 1re division militaire, a l'honneur de recommander
» M. Massé au bienveillant intérêt de M. le Maréchal
» Ministre de la guerre. C'est un ancien employé qui est
« digne de ses bontés.

« *Signé* : Pajol. »

« J'ai eu des relations de service à l'armée avec
» M. Massé, et je l'ai toujours connu sous des rapports fa-
« vorables. J'ai l'honneur de prier M. le Maréchal de lui
» accorder sa bienveillance.

« *Le Conseiller-d'Etat, Pair de France*,

« *Signé* : Jacqueminot, *comte de* Ha[illegible]

« J'ai l'honneur d'appeler tout l'intérêt de M. le Mi-
» nistre de la Guerre sur la demande de M. Massé.

« *Signé* : V. LEGRAND (*Député de l'Oise*). »

» J'ai l'honneur de recommander à M. le Maréchal,
» ministre de la guerre la demande de M. Massé, dont
» toute la famille m'est connue comme occupant des po-
» sitions honorables dans le département de l'Oise.

» *Signé* : *Le comte Alex.* DE LAROCHEFOUCAULD,
» (*Pair de France.*) »

C'est pénétré d'une vive reconnaissance pour tant de témoignages flatteurs, de marques particulières d'intérêt, de sollicitude et de considération, que je n'hésite pas à dire, M. le Ministre, qu'un auguste personnage a aussi daigné y ajouter sa royale attache en ma faveur. Son Altesse Royale Madame ADELAÏDE, *sœur du roi*, dont l'égide bienfaisante s'étend sur toutes les infortunes, a bien voulu me recommander à M. le Maréchal, votre prédécesseur, avec grand intérêt.

Si donc il ne me manquait *qu'un grand appui auprès de vous*, où pourrais-je en trouver un meilleur que dans la protection puissante et spéciale de cette auguste princesse ?

Après avoir déroulé dans ce mémoire et mis sous les yeux de Votre Excellence le tableau fidèle de ma position, permettez-moi, M. le Ministre, sous l'honorable poids de tant de travaux, de tant de services, d'oser espérer qu'il sera mis un terme à mes souffrances, à *mon inaction* (dont mon activité naturelle me fait un tourment de tous les instans), et à l'exiguïté du trop insuffisant *secours spécial* auquel je suis réduit, en attendant que cet état transitoire vienne à cesser pour moi !

S'il pouvait en être autrement, je ne cesserais de réclamer contre tant d'injustice, je me plaindrais avec tant de persévérance qu'enfin mon malheur trouverait de l'écho et peut-être de la sympathie en haut lieu !... Mais non, vous serez le premier à y compatir et à en faire cesser les causes ! — Votre nouvelle administration, vos bureaux, aujourd'hui si bien organisés et composés d'hommes équitables, viendront aussi, M. le Ministre, éclairer votre religion, fortifier vos convictions en ma faveur. JE SERAI DONC PLACÉ!... et le serai bientôt.... ma reconnaissance vole au-devant du grand acte de justice que je recevrai comme un bienfait; et je me fais un bonheur de vous en offrir d'avance le sincère hommage.

Je suis avec respect,

De Votre Excellence, M. le Ministre,

Le très-humble et très-obéissant serviteur,

JH. MASSÉ,

Ex-Directeur des subsistances militaires,
rue Poissonnière, n° 44.

Paris, le 28 octobre 1836.

IMPRIMERIE DE A. BELIN, 55, RUE SAINTE-ANNE

www.ingramcontent.com/pod-product-compliance
Ingram Content Group UK Ltd.
Pitfield, Milton Keynes, MK11 3LW, UK
UKHW020455220726
13923UKWH00006B/2564